Gute Geschichten bessern die Welt.

Hersteller / Manufacturer (GPSR)
Storylution GmbH, Biberstraße 5, 1010 Vienna, Austria
E-Mail: story.one@story.one

Gabi B. Moravcik

Das schwarze Schaf

story.one – Life is a story

schreib's auf
story.one

1. Auflage 2023
© Gabi B. Moravcik

Herstellung, Gestaltung und Konzeption:
Verlag story.one publishing - www.story.one
Eine Marke der Storylution GmbH

Gesetzt aus Crimson Text und Lato.
© Fotos: unsplash.com: Arthur Mazi, Hans Isaacson, Ulki OkanTabak, Famara Marmiesse, Grace Ho, Robin Battison, Terricks Noah

Printed in the European Union.

ISBN: 978-3-7108-2159-2

Jeglicher Zauber geht verloren, wenn Du versuchst, ihn einzufangen. Helga Schäferling

INHALT

Die Herde

Rauh und windig ist es auf den Hängen. Eine schwarze Schafherde zieht langsam vorwärts, gleichmäßig, ohne Hund und Hirte. Das braucht man hier nicht. Es gibt weder Adler noch Wolf. Die Herde ist selbständig. Der Großbauer schaut regelmäßig nach ihr.

Früher waren sie alle mal weiß, dreckig-weiß. Der alte Widder kann sich erinnern, war damals als einziger schwarz. Schafe haben ein gutes Gedächtnis. „Ich wurde geschubst und getreten und meine Mutter wollte mich nicht annehmen, war eine Qual, an die Milch zu kommen." Das weiß der alte Bock noch gut. „Ich war voll von Angst, verzweifelt und wütend." Der Bauernbub, Sohn des Bürgermeisters, hatte das mitverfolgt, sich ein Herz gefasst und den Außenseiter mit dem Schoppen aufgepäppelt. Heute ist der selbst Bürgermeister, wirkt verdruckst und rennt mit hochgezogenen Schultern von Termin zu Termin. Hat er doch so viele Posten auch außerhalb des Rathauses, im Schützenverein, im Schafzüchterverein als Vorsitzender, im Musikverein als Solotrompeter, im örtlichen Fußballverein, spielen doch all seine fünf Buben leidenschaftlich Fußball. Er hat einen schönen Fußballplatz bauen lassen, nachdem die große Fläche unterhalb der Kleinstadt ihm immer wieder Magenkrämpfe verursacht hatte, wenn er dort zugegen war. Der Zirkus war früher da oft zu Gast. Es ist kein Bauland. Dafür hat er gesorgt. Ab und an sieht er seine Schafe dort.

Die schwarzen Wollleiber drängen sich nun auf der Höhe zusammen, die den Blick freigibt auf den ausgelagerten Friedhof. Um die Kirche herum hat es keinen Platz mehr gegeben. Die große Bürgermeisterfamilie hat sich ein stolzes Familiengrab hier draußen erstellen lassen.

Der alte Schafbock, König der Herde, erfahren in Gesichtserkennung auch bei Menschen, hat ihn oft dort gesehen, eigentlich zu oft für einen Mann. Oft stand er vor einem anderen Grab. „Mööhöhöhöh" blökt er hinunter.

„Ich muss Euch jetzt eine Geschichte erzählen", meckert er zu der Herde, „eine Geschichte, die wahr ist und ich weiß ja nicht, wie lange ich noch da bin." Diese Entscheidung trifft er bewusst. „Damit Ihr nicht traurig seid, wenn ich sterbe." Als die Schafe immer mehr zusammenrücken und sich in einem dicken Kreis um ihn scharen, beginnt er zu erzählen:

Wie ein Bumerang

Es ist ein stürmischer Herbsttag, der diese Frau in die Kleinstadt auf der Alb spült, mit einem kalten Schnürregen, Matsch und den letzten dreckigen Blättern, die ihr hart ins Gesicht schlagen. Unwirtlich. Was hat sie angetrieben, diese Gegend aufzusuchen, den großen grünen Rucksack mit den noch wichtigen Habseligkeiten ...

Der Bus brummt in der Ferne davon.

Gedankenverloren starrt sie auf die Brachlandfläche. Dann stapft sie gegen den Wind, den Häuseransammlungen zu. Graue Nebelwatte hängt schwer über den Dächern. Das ist also der Ort, an dem das Schicksal seinen Lauf nahm, sie verschreckt und nicht verstehend weggegangen war..., um wiederzukommen, weil genau in dieser Stadt eine Stelle frei ist für so eine wie sie ... Sie wird sich vorstellen. Und wenn sie sie nehmen, wird sie bleiben. Erstmal.

Gasthof zur Post, fünf Steintreppen empor und dann steht sie an der Theke. Die Männer am Stammtisch links sind plötzlich ganz ruhig geworden. Sie fühlt alle Blicke auf sich gerichtet, nickt dem Wirt zu: „Ich habe für heute ein Zimmer bestellt. Wir haben telefoniert, Camille Torrani." Der Wirt schüttelt kurz seinen Kopf wie, um sich aus seinem auf sie gerichteten Blick zu reißen und zum Tagesgeschäft überzugehen. Camille bekommt ihren Schlüssel und steigt die knarrende Holztreppe empor.

Camille ist eine große spillerige Frau, man könnte auch hager sagen, eckige Bewegungen, knochig, sehr weiße Haut. Wenn sie sich bewegt, wirkt es schlaksig, ungelenk, die Schritte groß. Sie schaut bedächtig, dreht den Kopf langsam, zwickt ab und zu die Augen zusammen, als ob sie lange braucht, aufzunehmen, zu begreifen, weiterzudenken. Camille ist ungemein ruhig und lassend, sich selbst und anderen Menschen gegenüber.

Nur dann und wann steigt sie aus, macht plötzlich was anderes, geht einfach weg, hinaus, nimmt eine andere Richtung.

Die Stelle hat sie bekommen, eine Arbeit mit Kranken und Bedürftigen, sie führt sie stoisch und mit Hingabe aus, immer an den Schicksalen und Vorhaben dieser Menschen entlang.

Stress und Hektik umgeht sie, schlängelt sich aus solchen Situationen, bis sie wieder etwas ganz Außergewöhnliches tun muss.

Und bald hat sie auch ein Haus für sich, inmitten des Altstadtbereichs der schwäbischen Kleinstadt. Viele wohnen hier seit Generationen, Jahrzehnte, manche Familien schon über hundert Jahre. Nur sie ist anders. Und das sehen alle. Als sie das Haus von der alten Frau Strobl übernahm, als diese ins Pflegeheim übersiedelte, gingen Wundern und Flüstern, Räuspern und Raunen und auch böse Blicke durch den Stadtteil. War es mit rechten Dingen zugegangen? Wieso hat der die alte Strobl das Haus vermacht? War es ein Spottpreis? Die Fragen sind offen geblieben. Und immer neue türmen sich auf. Diese wundersame Frau allein. Und wie sie schon aussieht...

Zwei Welten

Und dann läuft die Frau immer wieder ganz verkleidet aus dem Haus. Kaum zu erkennen. Es ist wie im Film. Am besten lässt man die Vorhänge offen. Da sieht man gleich alles. Manche sind ihr schon nachgelaufen. Doch sie kann rennen. Da kommt man nicht mehr hinterher, kann man nur wieder auf die Lauer liegen hinter die Fenster. Als bunter Vogel wird sie gemieden und geduldet. Camilles besondere Art, mit Menschen zu sein, die auf ihr Ende zugehen, hat sich herumgesprochen. Es könnte ja jeder mal ihre ungewöhnliche Herzensgabe bei seinem Tod gebrauchen können.

Und nun lebt Camille in einem großen alten Haus schon länger allein. Sie kann sich stundenlang in ein Buch vertiefen, die Rollen studieren, Beschreibungen wirken lassen.

Im untersten Stock des verwinkelt gebauten Hauses hat sie ein Arsenal an Kleidern und Accessoires gesammelt, nach Charakteren und Jahrzehnten geordnet. Alte Spiegel vergrößern die Räume, Schminktische stehen bereit.

Die Kirchturmuhr schlägt fünf.

Camille bindet sich ihre dünnen schwarzen Haare wieder nach oben in den Pferdeschwanz. Sie mag es, über das Reibeisen ihrer rasierten Seiten hinter den Schläfen zum glatten Haar hin zu streifen und schüttelt das Pony kurz. Ganz zart ist über die Nase ein Sommersprossenfeld gelegt, das sie jetzt kräuselt.

Die Tür öffnet sich einen Spalt. Sie hat das Klopfen wohl nicht gehört.

Schnell springt sie auf, der kurze schwarze Rüschrock mit hellen Spitzen über der dunklen Leggings rauscht sanft auf. Ihr schlaksiger Körper gehorcht ihr mühelos. „Oh kommen Sie doch rein, setzen Sie sich." Der junge Mann mit den großen Augen, weiß er es nicht oder will er's nicht glauben... er arbeitet weiter während der Behandlung. Es ist ein ganz neuer Arbeitsplatz. Die Krankheit hat schon gestreut. Sie beide tun so, als ob alles seine Richtigkeit hat, warum auch nicht. Sie treten aus der Zeit. Er will es so. Sie geht mit ihm.

„Guten Tag", sagt die ältere Dame. Ihre grün-brauen Augen bewegen sich in alle Richtungen, wie wenn sie das nahe Umfeld abtasten würden, Antennen. Das macht die Frau mit dem altmodisch aber anmutig hoch gesteckten Haar, kleine Locken halten sich nicht daran, jung, schüchtern, fast charmant. Warum sie so freundlich sei, fragt sie am Schluss. Da Camille nichts anderes einfällt, rutscht ihr ein „nur für mich, reine Selbstversorgung" aus dem Mund, was stimmt...

Camille weiß nicht mehr, wie viele Menschen heute durch diese Tür gekommen sind. Sie wirft Papiere und Stifte in die Schublade und die Ordner mit einem Schwung in den Schrank und schließt ab.

Wie so oft, routiniertes Warten auf den Aufzug nach unten. Metalltüren rattern. Es zeigt sich weiß das große Bett, der Chromrahmen blinkt. Der unruhige Blick der Schwester fällt auf, dumpf, es darf nicht sein. Auf dem verdeckten Bettzeug zeichnen sich kleine Erhebungen ab, fast wie bei einem Kind, ein so kleiner Mensch. Wenn man nur huschen könnte mit einem rollenden Bett über breite Gänge in den Abschiedsraum.

Einstieg in den Abstieg.

Rollenspiele

Es geht nach draußen. Die weißen Turnschuhe setzen Schritt um Schritt ihren Weg durch das Städtchen fort bis dahin, wo das alte Kopfsteinpflaster beginnt. Wie auf Knopfdruck beginnt Camille nun im Zickzack durch die engen Gassen zu rennen. Einige Blicke folgen ihr, Köpfe werden geschüttelt.

Vor ihrem urigen Haus angekommen, fischt sie den rostigen Schlüssel hinter der Hauslaterne hervor und öffnet die Tür. Mit einem tiefen Atemzug tritt sie ein. Die Kühle und der Flair ihrer umfassenden Theatergarderobe im Erdgeschoss fangen sie ein. Camille lässt sich auf einen Stuhl vor einem ihrer Schminktische plumpsen und betrachtet sich friedlich in dem großen schon stellenweise blinden Spiegel. „Was ist heute dran?" Wie von einem Magnet lässt sie sich von unsichtbaren Fäden zu den Kleidungsstücken ziehen, die ihr heute mal wieder eine andere kleine Heimat verpassen werden, in eine Rolle zu schlüpfen und damit als Teil einer anderen Lebenswelt aufzutauchen.

Neulich, in Pennerklamotten, ist sie unter der Stadtbahnbrücke eingeschlafen. „Aua!"- „Aufstehen Alte, das Spiel ist aus, kannst heimgehen, es wird gleich hell." Die Rolle aus Zeitungspapier in der Hand steht der Zahnlose über ihr.

Ein anderes Mal ist sie als Vamp in der Oper. Als der brausende Applaus zur Pause abebbt, erhebt sie sich schnell, rafft die violette Tüllwolke, schwingt sich die paar Stufen hinab in den Seitengang und öffnet die Tür zur Damentoilette. Gott sei Dank, die Erste. Alle sechs Türen stehen auf Rot. „Oh wunderbar, keine Schlange!" Nach ihr folgt eine bezaubernde Frau in königsblauer Seide, die kleinen Fältchen um die strahlenden Augen in derselben Farbe zucken heftig. Unter dem doch recht kurzen Kleid wölbt sich eine große Kugel. „Warum geht das denn hier nicht vorwärts?", keucht sie kurzatmig. „Sie können gern vor mir", sagt Camille und rückt zur Seite. Weitere Frauen in bunten Farben und Düften strömen in den Vorraum. „Ist hier denn besetzt?", ruft Camille und rüttelt nun an allen Türen. Dahinter bleibt es still, während die Stimmen der Frauen immer lauter werden. „Oh je, ich kann nicht mehr,...", flüstert die Blaue nun vor ihr. Kleine Schweißperlen fließen in ihrem Na-

cken zusammen. „Darf ich sie kurz zur Seite bitten?", sagt sie zu der Blauen. Camille bückt sich
behend und schaut unter jede Tür. Keine Beine.
„Was haben Sie vor?" „Sie wollen doch nicht..."
„Das darf doch in einem solchen Haus nicht pas-
sieren!" Empörung macht sich breit. „Bitte seien
Sie so freundlich und machen Sie den Weg frei",
hört sich Camille sagen und hält ihren Stoff zusammen, nimmt von der Eingangstür her Anlauf
und mit einem „Ha!" hat sie mit dem blitzartig
vorgeschnellten Schnürstiefel die Tür vor ihr
aufgetreten und weist der Königsblauen galant
den Weg. „Oh, wie kann ich Ihnen nur dan-
ken?", verneigt sich die Seide mit der Hand auf
dem Dekolletee und verschwindet eifrigst. Camille seufzt innerlich und sagt leise „wenn Sie
nachher noch ein bisschen Zeit haben..."

Flashback

Erhobenen Hauptes geht Camille nach der Pause im Opernhaus auf ihren Platz zurück. So viele Blaus im Raum. Das Licht fährt herunter, eine helle Geige zittert aus dem Graben. Ihr Blick wandert hoch zur Stuckdecke.

Dahinter schimmert die Zirkuskuppel mit der kleinen Figur, Mama, auf dem Seil mit ihren schönen schwarzen Locken, wie leicht sie voranschreitet, sie schwingt das bunte Schirmchen. Jetzt kommt der Anlauf, Absprung, die Füße landen wieder auf dem Seil und gleiten in den Spagat. Was macht das Schirmchen in ihrem Haar... und dann der Aufschlag...

Ratatata, Posaunen ertönen, die Trommeln werden hart geschlagen, der Tenor betritt die Bühne. Camille zieht die Nase hoch, wischt sich an den Schläfen nach oben und ruckelt sich auf dem Samt zurecht. Der dritte Akt nimmt seinen Lauf.

Später stellt sie sich noch eine ganze Weile vor das Damenklo. Die Hallen leeren sich von dem bunten Treiben. Der Ausgang ruft auch Camille, die sich erst zögerlich, dann mit großen Schritten durch den Sturm der Nacht kämpft.

Der Wind schiebt sie in kleinen Stößen vorwärts, der Umhang hält sie warm genug. Vor der bemoosten Pforte ist plötzlich Ruhe, nichts mehr. Das Tor ist angelehnt. Es quietscht leise, als sie hindurch schlüpft. Sie hört die Begegnung der kleinen Steine unter ihren Sohlen beim Gang durch die geometrisch angelegten Wege. Mit kurzen Trippelschritten quert ein Igel das Steinfeld. Eine Tanne lässt schwer ihre Wipfel nicken. Zack, fällt ihr ein Zapfen vor die Füße. Ein Glühwürmchen segelt ihr vorweg. Sie schreckt auf, wer hat das rote Grablicht angezündet? Noch frisch flackert eine hohe Flamme. Sie bleibt stehen, dreht sich langsam um die eigene Achse, bloß kein Geräusch machen. Ein Flugzeug kümmert sich nicht darum und durchzieht brummend den Nachthimmel.

„Schläfst Du oder was? Hast Du kein zu Hause?" Zwei kleine runde Knie, darüber drückt eine winzige Faust einen Strauß rote Dahlien, die Blumensterne strahlen sie an. Camille sitzt an die weiße Platte gelehnt und blickt nun in ein breites Grinsen, die Schneidezähne fehlen noch, die Schokoladenränder kann sie riechen. „Hallo" blinzelt sie, sie muss wohl eingeschlafen sein. Die Sonne lässt sie langsam unter dem dunklen Mantel schwitzen. In der Ferne füllt eine blonde Frau Wasser in eine blecherne Gießkanne. Camille kramt ihre Gliedmaßen zusammen, streckt sich und gähnt. Der kleine Mensch springt mal rechtes Bein, mal linkes Bein auf der Steinkante vor ihr, dass die Blumenköpfe wackeln. „Ich schenk Dir eine, aber für Dich, nicht für die Toten" und wurstelt einen gequetschten Blumenstengel aus der Faust und hüpft mit „Oh wie schön ist mir am Abend, mir am Aaabend" davon.

Ist sie doch so tief eingeschlafen, dass sie den Übergang der Nacht zum Tag nicht mitbekommen hat? Sie weiß, der Körper kann fehlende Puzzlestücke wiederfinden und nach oben senden, falls die Haltung weitere Bilder mit aufgenommen hat und dann freigibt.

Die blaue Begegnung

Diese Farbenfülle in der Oper, das Zusammentreffen mit dem blauen schwangeren Engel, Sehnsucht und das Bild ihrer Mutter auf dem Seil, das Warten und der unwillkürlich angetretene Gang auf den Friedhof. Sie hat die Flamme gesehen, der Docht hat noch nicht viel Wachs verflüssigt. Doch niemand war umher. Die Inschrift MariaTorrani tanzte durch das Flackern des Lichtes auf der unterstrichenen Linie, dem steinernen Seil. Weit oben die Flugzeughummel. Sie muss sich an den hinteren Grabstein angelehnt haben und zusammengesackt sein. Ohne Antwort trottet Camille nach Hause.

Viel später bekommt Camille Besuch. Ihre Opernbekanntschaft hat sie doch ausfindig gemacht. Camille schreitet den großen Raum in ihrem Erdgeschoss ab. Hin und her, vor den linken Spiegel, vor den rechten Spiegel. Sie ist doch aufgeregt. Riecht es muffig? Nach altem Parfüm? Ist es nicht zu düster? Sie geht den Weg von der Eingangstür ab. Führt sie sie herein in das Kleiderzimmer? Wie wirkt das, sie gleich die so schmale Stiege ins nächste Stockwerk hoch zu bitten? Zaghaft hört sie die kleine Kupferpfote von der anderen Seite her pochen. Sie zählt innerlich, eins, zwei, drei, öffnet und strahlt in zwei blaue Juwelen. "Hallo", sagt die ehemals Blaue, jetzt sattes Dunkelgrün. Für Camille antwortet ein bewegtes Schmunzeln, Augenbrauen, Stirnfalten, Mundmuskeln geraten ihr durcheinander. Tief Luft. „Komm herein, schön, dass Du da bist." Sie tritt zurück. „Mai, ich heiße Mai", die zierliche Hand öffnet sich ihr entgegen. Die Augen sind überall. „Was hast Du für ein irres Haus!" Camille sieht zu, wie die um einen Kopf kleinere Person durch ihre Schatzkammer wandert, da einen gepufften Ärmel hochhält, dort einen Federhut vom Regal nimmt. Camille versucht immer wieder zwischendurch ihren Blick zu erhaschen. „Ähm, ich habe so eine", soll sie Leidenschaft sagen? „eine Faszination für Verkl..., Künstlergarderoben", will sie sich erklären. Mai ist ein Schmetterling. Sie fliegt dahin, setzt sich dorthin. Ihre runde Mitte flattert mit. "Darf ich Dir was anbieten?" und der wehe Gedanke an das stille Örtchen in der 3. Etage mit Wannenraum und Schlafkoje lässt sie auf die innere Unterlippe beissen. „Ja gerne irgendwas. Ist oben die Bühne und ganz oben das Scheinwerferdepot?" fragt Mai ungeniert. Camille senkt die

Lider. „Ich spiele nicht die ganze Zeit Theater"
brummelt sie mehr für sich, „eigentlich nie."

„Wie hast Du mich gefunden?" Das Du ist
keine Frage. Seit Mai wieder aufgetaucht ist und
weil sie sie gesucht und aufgesucht hat, ist das Du
so klar zwischen ihnen. „So schwer ist es ja
nicht", sagt Mai zwinkernd, „Du brauchst nur
ein paar Leute fragen, Dich beschreiben und
schon hörst Du eine ganze Menge." „Mmmh",
Camille weiß, denkt es sich, will nichts genaues
wissen.

Leute, die Meute...

Mai

Camille ist sichtlich beeindruckt, dass diese kleine feine Person, Mai, - sie muss neu in dieser biederen Kleinstadt sein - sie, ja sie treffen wollte. Der betörende Moment in der Oper hat ihr neue Türen geöffnet, für kurz Schwingungen erzeugt und dann... hat sie umsonst gewartet. Und jetzt ist sie hier, Märchen, Wirklichkeit, Staunen, Traum...„Mai, was machst Du in dieser Stadt? Du bist so ein Sonnenschein!" rutscht es ihr heraus. Sie passt genauso wenig hier herein wie sie selbst und doch passt sie so eindeutig wie das langgesuchte letzte Puzzlestück. "Ich suche immer wieder inspirierende Orte, ich schreibe Lyrik:

"Es führte mich ein langer Weg

zum goldenen Ochsen dort am Steg

Kleingemäuer, lange Ohren, schon gehört,

es wird geboren..."

rezitiert sie mit spitzen Lippen und ulkigen

Fratzen. Camille ist fasziniert. Ihr Blick wandert zu Mai 's Bauch hinunter. „Und Dein Kind? Lebst Du mit dem Vater?"

"Der Bursche kam ins Haus,

ging ein und aus, was wurde d'raus?

Aus! Und doch was lebt daraus."

Wird sie jetzt immer in Gedichtform antworten, wenn ich sie was Persönliches frage? rätselt Camille. Es ist aufregend, dass Mai nach wie vor geheimnisumwoben bleibt, wenn sie einen Schleier lüftet, ist der nächste da. Es wird ein ganz gelungener Spätnachmittag. Die Offenheit und Natürlichkeit von Mai macht alles so einfach.

Zum ersten Mal begibt sich Camille auf den Erklärungsweg ihrer Rollenspiele ohne Ausweichmanöver auf verdruckst neugierige Fragen, die sie sonst auch nicht ernst genommen hat. Da interessiert sich wirklich ein Mensch für ihre seltsamen Eigenarten ohne Sensationslüsternheit und ohne schon im Vorhinein durchscheinende Ablehnung. Camille kommt es vor, als ob sie neue Sätze bildet mit neuer Sprache und neuen

Zusammenhängen.

Ihr Haus ist ihr ruhiger Hafen nach der Arbeit und den vielen Menschen, die auf ihr Ende zugehen und nach ihren bunten nächtlichen Ausflügen. Stille, die sie liebt, empfängt sie dann. Aber nun ist diese Fremde da, gleichberechtigt wie sie in ihrem Raum. Alles verschoben, neu. Das Du und das Ich springen umeinander herum. Und Mai benimmt sich wie zu Hause. Und jetzt ist Bewegung da, ein Pulsieren, Zappeligkeit, Röte. Die Dame Mai, wie der Wonnemonat, hat sie aus der Ruhe gebracht. Und das ist erst der Anfang... Die Begegnung mit der schwangeren Lyrikerin bringt Camille aus ihren Alltagsspielen, immer wieder in verschiedene Rollen schlüpfen zu müssen und damit in anderen Lebenswelten aufzutauchen, um ihren Gefühlshaushalt auszugleichen, dazu zugehören. Am nächsten Morgen ist Camille langsamer. Es ist, wie wenn sie sich selbst zusieht, ein Film, den sie selbst dreht mit ihren Augen. Als sie die Tür schließt, nimmt sie die kleine Kupferpfote in die Hand, fast zärtlich, wärmend, drückt sie zum Abschied „Tschüß meine Tür, mein Haus."

Jahrmarkt

Heute sind die Turnschuhe daheim geblieben. Camille hat leichte Lederslipper an und geht achtsam, spürt jeden Stein, jede Erhebung, jeden wackeligen Kopfstein im Pflaster. Ihr „Film" begleitet die Beine, die Verlagerung des Gleichgewichts bei jedem Schritt, fährt mal kurz in eine Ritze, in der ein Gänseblümchen mutig seinen Kopf emporhebt und schwenkt dann die Häuserwände hoch. Frau Häberle hängt schon auf ihrem gestärkten Kissen am Fenster und ungewollt begegnen sich ihre Augen. „Morgen" stammeln beide, Camille guckt länger, die Nachbarin hat sich schon weggedreht.

Die Luft ist frisch, die Sonne hat es noch nicht durch geschafft durch die steinernen Gassen. Der angebläute Himmel verspricht aber, dass sie kommen wird. Camille ist früh genug, dass sie nicht eilen muss auf dem Weg zur Arbeit. Sie bemerkt, dass sie lange runde Schlaufen zieht, keine schnellen eckigen Wendungen wie so oft. Als sie die Altstadt verlässt und die Felder den Weg zur Neustadt säumen, wird sie etwas schneller. Wie ein beständiges Rad setzen ihre

Füße auf und lassen den Boden wieder los. Sie atmet tief ein und aus und ab und zu macht ihr Puls einen Sprung an der Halsschlagader, sodass sie dort hingreifen muss. Sie lächelt, der gestrige Abend ist mit dabei, auch wenn jetzt die Sonne ihren ersten Strahl ihr entgegenschießt.

Auf der Arbeit, Camille hat immer noch die flehenden Augen der jungen Frau vor sich, bleiche eingefallene Wangen. Was hätte sie tun können, außer ihr die knochigen Hände zu halten und zu streicheln? Minuten um Minuten und dabei eine Melodie zu summen. Und irgendwann sich aus den kalten Fingern zu winden.

Um wieder warmzuwerden und ihr Blut in ihren Gliedmaßen kräftig pulsieren zu spüren, rennt sie mit weit ausladenden Armen und Beinen vom Krankenhaus nach Hause.

Keine Frage, heute ist Armseligkeit dran.

Camille streift ihre Alltagskleider ab und angelt den schäbigen Rock vom Bügel, zieht den alten Sackpullover über und bindet das braun gemusterte Kopftuch, tönt ihre Gesichtsfarbe dunkler mit vielen kleinen Flecken und markiert einzelne Zähne schwarz. Sie schlüpft in die abgetretenen Filzpantoffeln und macht sich gebückt auf den Weg hinter dem alten Friedhof am Wald entlang hinüber ins Nachbardorf. Dort ist Jahrmarkt und sowieso allerlei fremdes Volk am Platz. Sie humpelt zu der alten Eiche ganz in der Nähe der bunten Stände von Kittelschürzen, Unterwäsche, Tischdecken und Kinderkleidung. In der Hocke lehnt sie sich an den Stamm, und wenn ein Mensch in ihre Richtung vorbeischlendert, streckt sie ihm wimmernd ihre Arme entgegen. Eine Gruppe jüngerer Leute halten sich am Nachbarstand auf. Ein Mann mit Schirmmütze löst sich und wirft ihr ein Geldstück herüber. Da dreht sich ein Blondschopf in einem grauen Filzmantel um und sie erkennt mit Schrecken Mai, die mit fragendem Blick auf sie zukommt.

Aufgeflogen

Camille senkt schnell den Kopf und hofft, dass sie unerkannt bleibt, stützt die Stirn verdeckend in die Hand. Mai stutzt. Jetzt bloß nicht hoch schauen, schlafend stellen. Sie wird nicht in die Hocke gehen können mit dem Bauch. Sie hört das Geräusch von hohlem Knirschen auf dem Sand und linst vorsichtig durch die Fingerritzen. Da sitzt die hübsche Mai keine zwei Meter vor ihr auf einem Eimer, womit sie sich wohl spontan ausgeholfen hat und schaut sie unverwandt an. Wer sagt das erste Wort? Mai rutscht ihr ein gutes Stück entgegen und streckt die Arme aus. „Camille", ist leise zu hören. Camille lässt die Hand sinken und sieht in diese warmen Augen. Von da an ist sie nicht mehr zu halten und verfällt in tiefes, tiefes Schluchzen, gehalten von Mai auf dem Eimer.

Die Händler räumen ihre Stände zusammen. Die beiden Frauen, ein komisches Häufchen davor, haben der Eiche zu einer eigenartigen Aufrichtung verholfen. Der edle Filzmantel hat oben herum starke Flecken bekommen. „Komm", flüstert Camille und drückt sie an den Ellenbogen nach oben. Der Eimer findet zu seinen Besitzern. Das ungleiche Paar wandelt wie im Nebel, auch wenn die Sonne scheint, über die Feldwege zum Städtchen zurück. Camille, verschnieft, die Gesichtsfarbe verlaufen, fühlt sich umgeben von einem Brei aus Scham, Verzweiflung und Lächerlichkeit. Das Schweigen wird nur noch von den Geräuschen ihrer Sohlen begleitet, ein Steinchen, was mal ungewollt davon spritzt, ein Stolpern über einen Grasbüschel. Keine zwanzig Meter vor ihrem Haus spürt Camille eine feingliedrige Hand in der ihren. Sie ist nicht fähig zu reagieren. Zwei Hände gehen ihren Weg. Vor ihrem Haus, was jetzt? Normalerweise holt Camille mit ihrer Linken den Schlüssel hinter der Hauslaterne hervor. Sie bleiben stehen. Nun legt Camille ihre Rechte über die Doppelhand, drückt sie kurz an ihr Herz mit „Danke, danke Dir sehr", bevor sie loslässt und die Haustür aufschließt. „Komm", sagt sie wieder und lässt Mai hineinschlüpfen. „Mach es Dir im mittleren Stock bequem, ich muss in die Wanne" und geht nach oben.

Camille sinkt in das Badewasser und mit ihr dieser Tag mit seinem Wellengang. Ruhe. Nichts. Bitte, bitte Ruhe.

Die Ruhe, die sie beim Leben auf dem Seil gelernt hat.

Schon sehr früh hat sie Mama zugeschaut, wie sie Fuß vor Fuß setzte. Auch in niedriger Höhe war dieser Impuls als Kleine an dem Seil zu rütteln, nie da. Es war etwas Heiliges, das Seil, das gespannte Seil. Flach aber tief atmen, dableiben, halten.

Nach den Proben war Lebendigkeit angesagt, Lachen und Tanzen, Essen und Singen. Und Mama bürstete ihr wildes lockiges Haar trällernd im Zirkuswagen.

Der Sturz vom Seil

Als sie herunterfiel, Mama, war Camille ganz ruhig, kein Laut, keine Bewegung sollte stören. Warum das Publikum so unkontrollierte Laute machte? Es würde sie hindern, fortzufahren, aufzustehen und lächelnd wieder hinaufzuklettern! Aber sie stand nicht auf. Und die Menschen sind gerannt, um sie herum! Papa ging ganz langsam auf sie zu, schob das Volk wie von Geisterhand mit seinen großen Pranken durch die Luft auseinander und kniete vor sie hin. Er machte es als einziger richtig, das konnte sie als Fünfjährige sehen. Es gehörte zum Auftritt, nicht das jämmerliche Geschrei der Besucher! Camille ist lange auf ihrem Sitz geblieben in ihrer Reihe mit den anderen Zirkuskindern. Unendlich lange kniete Papa bei ihr, eine Hand hielt ihr Gesicht, die andere lag sanft auf ihrem Hals, sein Gesicht ganz nah bei ihrem, während das ganze Zelt vor Unruhe loderte, Geschrei, Sanitäter, Notarzt. Erst spät war sie auch aufgestanden und hat sich neben Papa gesetzt, nah an Mamas großen runden braunen Augen, die ohne ein Zwinkern endlos durch sie hindurch schauten.

Es war der junge Sohn des Bürgermeisters, der damals in jeder Vorstellung war, hingerissen von der Seiltänzerin Maria Torrani mit ihren schwarzen Locken. Seine Braut, die Grete mit den dicken gelben Zöpfen, die sie rund um ihren eh schon runden Kopf feststeckte, war nicht die Flamme seines Herzens. Die Tochter des reichsten Bauern vor Ort war die einzige auf dem Markt, die einer Bürgermeisterdynastie würdig war. Als Bürgermeistersohn konnte er auch ruhig in jeder Vorstellung sein, ohne dass die Leute tuschelten. So etwa wie die Aufsicht für den Platz. An diesem Abend, als Maria so ganz langsam auf dem Seil in den Spagat rutschte, hing der junge Bursche mit seinem ganzen Verlangen an dieser Untersicht. Es entfuhr ihm ein dreitöniger Pfiff aus den gespitzten Lippen, der eher zu einer speziellen Dame am Straßenrand passte, als zu dieser gespannten Stille einer artistischen Zirkusnummer. Und genau danach stürzte die Seiltänzerin ab.

Der Pfiff und der Sturz darüber wurde nie gesprochen, nur über den Sturz noch ein paar Jahre danach. Jedoch war selbstverständlich, dass die Bürgermeisterfamilie der Künstlerin ein schönes Grabmal auf dem örtlichen Friedhof gestaltete.

Das fahrende Volk hatte das Geld für die Bestattung nicht, Urnen waren nicht üblich und der Zirkus war minimiert.

Danach war alles anders. Auch ruhig. Zu ruhig. Papa war so still geworden. Er war bei ihr und mit ihr, aber so still und traurig. Seinen Anteil und den Zirkuswagen hat er verkauft und war mit dem Kind zu Großmutter auf den Hof gezogen zu Vieh und Feldarbeit und ganz viel Stille. Es waren harte Zeiten.

Sie war gerade mal zwanzig, da war Papa sehr krank geworden und hat sich Stück für Stück aufgelöst. Sie kniete oft bei ihm und hielt ihm Hand und Hals und Gesicht.

Glück

Inzwischen ist das Badewasser kalt geworden. Camille schwingt sich heraus, rubbelt sich kräftig trocken, baut einen Turban um ihr schwarzes Haar und hastet die Treppe hinunter. Mai liegt eingewickelt in die Decken, hingegossen wie ein Kunstwerk und in das Sofa hinein modelliert, und schläft. Camille betrachtet sie mit Liebe, wie schon immer so nah, wie für eine Freundin, wie für eine Liebste, wie für eine Mutter, wie für ein Kind, alles. Sie lüftet an einer Seite die Decke und schmiegt sich sachte an sie.

Am Morgen, viel zu spät, wacht Camille mit einem Ruck auf. Die Sonne steht schon hoch und grinst sie frech durchs Fenster an. Neben ihr liegt ein Zettel mit einer schönen klaren Schrift:

Spiel mir das Lied von Not,

in blau, grün und rot

Bleib ich dabei

Es drückt Dich die Mai

Da findet eine Person Zugang zu einem verschlossenen Herzen und mit ihr zu den Spuren ihrer Zirkusvergangenheit.

Camille musste zuerst weit hinaus aus der Stadt und in turbulente Theaterszenen flüchten, bevor sie den Faden zu ihrer Seiltänzerfamilie und der Schaustellerkunst aufnehmen kann und ihre Liebe nicht mehr abspalten muss. Mit Mai scheint eine Verbindung und ein Austausch möglich, in der Camille all ihre Facetten ausbreiten kann.

Monate später...

Camille hebt den Kopf und schaut in die Sterne. Das kleine warme Bündel in ihren Armen schnauft zart und so viel schneller als sie. Ab und zu blitzt ein Stern auf, als ob ein Leuchtzeichen aus einer anderen Sphäre herüberkommt. Ja, es geht weiter, sagen die Sternwesen. Camille schaukelt die Hängematte sanft mit der Bewegung ihrer Beine. Mattheos Augen unter den kleinen Lidern sausen hin und her, was er wohl sieht? Dazwischen zucken seine Mundwinkel nach oben und geben ein hinreißendes Lächeln frei, was sogleich wieder abebbt. Die Nacht ist so ruhig, selbst die dahin huschenden Fledermäuse machen kein Geräusch, jedenfalls keines, was Camille hören kann. Da kommt ein langgezogener Seufzer von dem blonden Schopf rechts neben ihr auf dem Liegestuhl.

Das Herz nimmt einen Fahrstuhl hinauf.

Diese Ruhe ist Glück.

Das neue Lamm

„Ich will auch Elfchen schreiben" stänkert Mattheo, „meine blöde Lehrerin macht das nicht" und schüttelt seine schwarzen Locken. „Du kannst es doch zu Hause tun", antwortet seine Mutter, die wirklich andere Sorgen hat.

Mattheo ist meistens ein lustiges Kind. Seine Hautfarbe ist dunkelbraun wie Schokolade, die Haare klein gekräuselt. Jetzt stampft er so auf, dass ihm seine Füße weh tun auf dem harten gekachelten Boden. „Jetzt komm", tröstet ihn Mai. „Du könntest das doch wütend in diese Gedichtform einpassen."

Er schreit: „Nein! - Ich will - mit viel Gebrüll - wie die andern sein - Nein!" Aber das will er auch nicht. Erleichtert streicht ihm Mai über sein struppiges Haar. Dieser Junge meistert sein Anders-sein mit viel Witz, ist Klassenclown, macht ohne Ende Blödsinn und lacht dann so wieder über sich selber, dass ihn die Lehrerin vor die Tür stellen muss, weil er nicht mehr aufhören kann. Lachen ist ja so ansteckend. Dann macht er sich draußen an der Garderobe zu

schaffen und kommt dann mit einer rosa Pudel-
mütze, Bobbyfelljäckchen und mit einem bunten
Schirmchen wieder ins Klassenzimmer, das Gesicht zu einer so traurigen Fratze verzogen. Das
sorgt natürlich für umso mehr Gelächter, sodass
er nicht mehr so oft hinausgeschickt wird.

Wie wild klopft es nun an der Tür. Mattheo
hört auf zu grummeln. Drei der Bürgermeister-
buben lärmen draußen. „Was ist?" „Komm
schnell, müssen Dir was zeigen!" Und sie stieben
davon. Mattheo, der Kleinste von ihnen, kommt
kaum hinterher. Doch er lässt sich nicht lumpen
und hechelt hinterher, sind sie doch Freunde
und viel zusammen auf den Gassen und Feldern.
Sie schlagen den Weg zur offenen Schafkoppel
ein. Dort angekommen, stoppen sie ab, halten
den Finger an den Mund und schleichen nun
zaghaft zu der großen schwarzen Schafherde und
zwischen den wolligen Leibern hindurch zu einem etwas abgelegenen Platz. Da sitzt ein Mut-
terschaf, das vor nicht allzu langer Zeit gelammt
hat und ganz nah dabei liegt ein zuckersüßes
Lämmchen. Und es ist weiß, so weiß! Als ein-
zigstes! Andächtig gehen die Kinder in die Hocke und staunen. „Wir werden es Wölkchen
nennen", jubelt Mattheo, so leise er kann. „Das

muss ich Camille erzählen, die liebt doch weiße Lämmer!"und bald stürmt er hinunter zum Haus, um die frohe Botschaft zu überbringen.

Gabi B. Moravcik

Gabi B. Moravcik aus Freiburg, Tanztherap., Soz.arb., Theaterfrau, Chorsängerin und Ab-und-an-Poetin

Gabi B. Moravcik schreibt auf

www.story.one

Faszination Buch neu erfunden

Viele Menschen hegen den geheimen Wunsch, einmal ihr eigenes Buch zu veröffentlichen. Bisher konnten sich nur wenige Auserwählte diesen Traum erfüllen. Gerade mal 1 Million Autoren gibt es heute – das sind nur 0,0013% der Weltbevölkerung.

Wie publiziert man ein eigenes story.one Buch? Alles, was benötigt wird, ist ein (kostenloser) Account auf story.one. Ein Buch besteht aus zumindest 12 Geschichten, die auf story.one veröffentlicht und dann mit wenigen Clicks angeordnet werden. Und durch eine individuelle ISBN kann jedes Buch dann weltweit bestellt werden.

Jede lange Reise beginnt mit dem ersten Schritt – und dein Buch mit einer ersten Story.

Wo aus Geschichten Bücher werden.

#storyone #livetotell

Zeitfracht Medien GmbH
Ferdinand-Jühlke-Straße 7
99095 Erfurt, Deutschland
produktsicherheit@kolibri360.de